1.ª edición: septiembre 2022

© Del texto: Joan Antoja i Mas / Anna M. Matas i Ros, 2022
© De la ilustración: Anna Baquero, 2022
© De la traducción: Núria Riera i Fernández, 2022
© Grupo Anaya, S. A., 2022
Juan Ignacio Luca de Tena, 15. 28027 Madrid
www.anayainfantilyjuvenil.com

ISBN: 978-84-698-9120-9
Depósito legal: M-17197-2022
Impreso en España - Printed in Spain

Reservados todos los derechos. El contenido de esta obra está protegido por la Ley, que establece penas de prisión y/o multas, además de las correspondientes indemnizaciones por daños y perjuicios, para quienes reprodujeren, plagiaren, distribuyeren o comunicaren públicamente, en todo o en parte, una obra literaria, artística o científica, o su transformación, interpretación o ejecución artística fijada en cualquier tipo de soporte o comunicada a través de cualquier medio, sin la preceptiva autorización.

Joan Antoja i Mas / Anna M. Matas i Ros

Locos por los deportes

Judo

Ilustraciones de Anna Baquero

ANAYA

¿Sabías que existe un deporte en el que saltas, te caes, ruedas, tiras o empujas?

Se inventó en Japón hace muchísimos años y se considera uno de los deportes más completos que existen: el **judo.**

¡Te invitamos a descubrirlo!

¿QUÉ NECESITAS?

JUDOGI
Es el traje que se utiliza para practicar el judo. Es de color blanco y está fabricado con una tela resistente. Consta de tres piezas: la chaqueta (uwagi), el cinturón (obi) y el pantalón (zubon).

UWAGI
Se abre por delante y no tiene botones. La tela es rígida y gruesa para que pueda aguantar tirones.

OBI
Sirve para atar la chaqueta. Su color indica el grado de experiencia del judoca.

ZUBON
Es ancho y cómodo para facilitar el movimiento de las piernas.

¿CÓMO SE PRACTICA?

El **judo** es una **lucha deportiva** entre dos personas que se basa en la agilidad y la rapidez de movimientos.

Se utiliza la **fuerza del contrario** para hacerle caer al suelo y **no se permite golpear** ni con las manos ni con los pies.

Las personas que practican el judo son los **judocas**, y las técnicas y llaves de lucha se llaman **waza.**

Hay varias maneras de ganar al adversario en un combate:

Haciéndole caer de espaldas al suelo.

Inmovilizándolo durante 25 segundos.

Si se da por vencido tras hacerle una llave.

Los judocas, a medida que van aprendiendo y mejorando la técnica, también van cambiando el **color** de su cinturón. El cinturón blanco es para los novatos y el negro, para los más expertos.

El color de los cinturones sigue este orden:

blanco

amarillo

naranja

verde

azul

marrón

negro

Después del negro, existen otros grados llamados **dan.**

Los **combates** se disputan por **categorías**, según el **peso** de los judocas.

Suelen durar entre **3 y 5 minutos**.
Un árbitro y **dos jueces** vigilan que se cumplan las normas durante el combate.

¿DÓNDE SE PRACTICA?

En una sala llamada **dojo**. Al entrar y al salir hay que **saludar** y, una vez dentro, estar en **silencio**.

Tatami: colchoneta delgada donde se realizan los combates. Evita que los judocas se hagan daño al caer ya que amortigua los golpes.

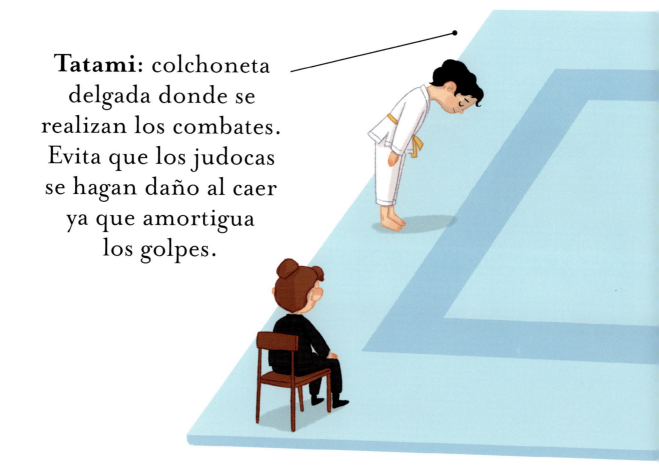

Zona de seguridad: espacio donde se colocan los árbitros durante las competiciones.

Zona de combate: espacio donde luchan los judocas. Tiene forma cuadrada y mide entre 8 y 10 metros.

Zona de peligro: no se puede pisar. Indica a los judocas los límites de la zona de combate.

¿QUIÉN LO INVENTÓ?

El japonés **Jigoro Kano**, en 1882. Este profesor se inspiró en las antiguas técnicas de lucha de los samuráis, guerreros japoneses expertos en artes marciales.

El japonés **Kawaishi** lo introdujo en Europa a principios del siglo xx. Fue él quien estableció el orden de colores de los cinturones.

En 1956 se organizaron los primeros **campeonatos mundiales** en Japón.

En 1964 fue declarado **deporte olímpico** en los Juegos Olímpicos de Tokio. En 1992, casi treinta años después, también lo fue el **judo femenino.**

JUDOCAS CONOCIDOS

Yamashita Yoshitsugu (1865-1935)
Fue el primer judoca en conseguir el duodécimo dan, el máximo nivel al que se puede llegar. Introdujo el judo en los EE. UU.

Keiko Fukuda (1913-2013)
La judoca más importante de la historia y pionera del judo femenino, a pesar de medir 1,50 metros de altura.

Teddy Riner (1989)
Es el judoca más premiado en toda la historia. Tiene el récord de títulos mundiales y tres oros y dos bronces olímpicos.

Ernesto Pérez Lobo (1970) e Isabel Fernández (1972)
Son dos de los judocas españoles que han conseguido medallas olímpicas. Ernesto, de plata, e Isabel, una de oro y una de bronce.

¿CUÁLES SON SUS BENEFICIOS?

Mejora el **equilibrio** y ayuda a ser más **flexible**.

Favorece el **crecimiento de los huesos** y fortalece las **articulaciones**.

Aumenta la **valentía** y la **confianza en uno mismo**.

Incrementa la **concentración** y la **creatividad**.

Enseña valores tan positivos como el **esfuerzo** y la **humildad**.

Relaja y reduce **tensiones**.

Fomenta las **amistades** basadas en la ayuda y el respeto.

¿QUIERES SABER MÁS?

El judo es un **deporte** y un **arte marcial,** es decir, una forma de lucha con unas reglas concretas. Existen **numerosas artes marciales,** las más importantes son:

TAEKWONDO
Consiste en atacar y defenderse golpeando al adversario, sobre todo con las manos, las piernas y los pies.

KARATE

Se concentra toda la fuerza en un punto del cuerpo, normalmente la mano, para dar golpes precisos y fuertes a las partes más vitales del rival.

SUMO

Consiste en lanzar al adversario fuera del círculo de combate o hacer que toque el suelo con cualquier parte del cuerpo que no sean las plantas de los pies.

¿SABÍAS QUE...

... los saludos entre adversarios como muestra de respeto son muy importantes?

... en las competiciones uno de los judocas puede llevar un judogi azul? Así, se distinguen mejor y facilitan el trabajo a los árbitros.

… antiguamente los tatamis estaban hechos de paja y arroz?

… Japón es el país que ha ganado más oros olímpicos? El segundo es Francia.

… el judo paralímpico es un judo adaptado que practican deportistas con discapacidad visual?

PONTE A PRUEBA

1. ¿Cuál de estos iconos olímpicos representa el judo?

2. ¿Qué es un tatami? Elige la respuesta correcta:

a) El vestido que utilizan los judocas.

b) El nombre del inventor del judo.

c) Una colchoneta delgada donde se practica el judo.

d) Un tipo de llave para inmovilizar al rival.

3. ¿Cuál de estos judocas es el más experto?
   Explica por qué.

4. ¿De qué país es originario el judo?
   Elige la respuesta correcta.

a) Jamaica.
b) China.
c) Japón.
d) Francia.

¿QUÉ SIGNIFICA?

Amortiguar: hacer que una fuerza sea menos intensa.

Categoría: cada uno de los grupos que se pueden hacer de las personas.

Humildad: cualidad de la persona que no presume de sus méritos y que reconoce sus defectos.

Inmovilizar: impedir que una persona pueda moverse.

Juegos Olímpicos: competición deportiva internacional que se celebra cada cuatro años.

Juegos Paralímpicos: competición deportiva internacional que se celebra cada cuatro años en la que participan atletas con discapacidades.

Llave: acción que se realiza contra el adversario para inmovilizarlo o derrotarlo.

Técnica: forma de hacer una cosa.

Tirón: esfuerzo fuerte que se hace para arrancar o arrastrar algo.